없는 듯이 어느 틈새에

2021

없는 듯이 어느 틈새에

조윤제 시집

사이재

시인의 말

너무 확 띄게 살 필요 있겠는가
나만의 삶을 흰 구름처럼 유유히
누군가 보일 듯 말 듯
시기하지 않도록

길가다 걸인에게 던져준 동전처럼
동백꽃 깊숙이 꿀 훔쳐낸 벌처럼
이 한 몸 틈새에 살면서
없는 듯이 그렇게

2021 여름
옴천 좌척에서
碧松 조윤제

차례

없는 듯이 어느 틈새에

시인의 말

1부

봄길 13
봄눈 14
벚꽃놀이 15
봄 강가에서 16
나는 알 수 없어요 17
사랑하는 이 18
진정한 사랑 19
그대 초연을 훔쳐온 길 20
새벽길에 초연을 보내며 21
색심色心은 떨어지지 않았는데 22
석초石草 23
이 가을이 가기 전에 24
카톡 25
늦여름 해수욕장 26
기다림 27
밧줄 풀린 조각배 28
세월이 가도 29

봄잠 30
장맛비 31
정유년 가뭄 32
메뚜기 33
은행잎 34
오는 초가을 35

2부

104세 할머니 39
아호鵝湖서원을 찾아서 40
삼청산 42
불안한 닭 44
저승길 46
별과 나뿐이로다 47
별 48
나주역 49
기러기 50
금계꽃 속에 핀 개망초꽃 51
가뭄 끝에 보슬비 52
가랑잎 배 53
잔인한 경자년 54
창밖의 감나무 55
소나기 삼 남매 56
백모란白牡丹 57

외가에 와서 58

쇠죽 끓이기 59

남미륵사* 꽃 잔치 60

금강 골* 61

참새 62

가을이라 63

올가을이 가기 전에 돌아오고 싶다 64

가을 소리 66

그대가 늙어 가거든 67

3부

오랜만에 본 친구 71

임진壬辰생 회갑 72

어머니 산소 74

그래도 75

그대 머무는 곳 76

고희古稀가 지나가며 77

혼자보다는 78

세월은 무수히 가니 79

세상일 80

고희古稀연 81

할머니 눈 목目 82

어머니의 생일 떡 83

사립문 옆 감나무 84

국화 향 86

단비 87

어머니 88

어정칠월 89

장맛비 90

송아지 91

사의재 92

강천산 폭포 가는 길 93

산사山寺 찾아가 94

영랑호 96

4부

완도 가는 길 99

다시 찾은 빈집 100

연천燕川의 추억 102

왕인의 국화 104

가우도 짚 트랙 105

기알재 1 106

기알재 2 107

낙엽지는 가을 108

눈雪 109

석양의 쌍무지개 110

물고기 111

뱁새재* 황토고개 112

애틋함 114

할머니 기침 115

짧은 글짓기 116

왜 일찍 포기하지 못했을까 117

오리발 118

먹먹 120

돌아오라 서귀포로 121

더불어 122

마트에 들러서 123

나이 들어 124

겨울도 역시 가고 125

섣달 그믐달 바라보며 126

1부

봄길

남쪽에서 온 손님이
나를 찾거든 묻지 말고
건넛마을 양지 언덕
매화나무 가지에
봄 처녀 온다는 기별 듣고
마중 갔다 하소

봄눈

같은 눈 이어도
입춘이 지나면 봄눈이라
가슴을 파고드는 추위에도
어쩐지 푸근해 보인다

매화나무가지에
긴 잠을 깨우려 문을 두드리고

태양이 떠오르면
반짝이며 언 뿌리로 스며들어
화신花神의 전령이 되어
모든 꽃이 만발한다

벚꽃놀이

갯장어 꼬리 치듯
구부렁구부렁 넘어가는
까치내재 휘어진 길에

강냉이 튀밥 튀듯
다문 꽃잎 펑펑 터져서
함박눈처럼 쏟아지니

청춘남녀들의
화사한 웃음꽃과 어울린

꽃바람이
슬쩍슬쩍 들어올린 짧은 치마 안
분홍빛 팬티가
마음 설렌 벚꽃놀이

봄 강가에서

매화꽃이 피면
초연강물에 시를 띄우고

창포꽃이 피면
강가에 머리를 감고
푸른 초원을
한가로이 바라보며
시를 노래하다가

봄볕이 얼굴을 간질이면
한 떨기 꽃잎이 되어
강물 따라 흘러가리라

나는 알 수 없어요.

장미꽃이 붉게 피던 날
그 꽃에 심취되어
내 마음에 기쁨이 꽉 찼을 때

그 꽃은
나를 쳐다보기를 민망해 하며
아파하는 것을 짐작할 수 있었다

때로는 그리움이 나를 찾아와도
나는 꿈에서도 미안해 했다

남녘에서 불어오는
부드러운 바람에도 괴로워했다
괴로움 속에서 성숙해 가는
길목이었을지라도

내게는
추억 속 감미로움이었어도
그녀에게는
젊은 날의 큰 상처였는지는
나는 알지 못했을지도 모른다

사랑하는 이

사랑하는 이의 부드러운 음성이
사라져 갈 때 기억 속에는 되살아나고

달콤했던 향기는
꽃이 병들어 갈 때
그것에 자극받아 그윽하니 잠긴다

사랑하는 이의 머리맡에
장미꽃 시들어 쌓이고

사랑하는 이가 내 곁에서 떠나려 할 때
당신 곁에 스르르 잠 들리

한번 느꼈던 사랑은 영원히 그 자리에
머물러 떠날 줄 모른다

진정한 사랑

매화꽃이 피면
초연강 강물 위에
시를 띄우고

모란꽃 피는 오월이면
맑은 물이 흐르는 냇가에
두 발을 담그고
시를 생각할 때
그대는 나에게 한 송이 꽃이다

그대와의 한순간 인생길
황홀했음을
잊지 못하리라,
결코

그대 초연을 훔쳐온 길

나의 삶 중에서
너를 만남이 가장 큰 행복이었다

내 마음에 새겨진
너의 흔적들은
내 생애 남겨진
가장 순수하고 아름다운 것이다

나의 삶의 길은
언제나
너를 향해 가는 길이다

그리움으로 가득한 길
이 길은 내가 마지막까지 가야 할
내가 사랑하고 싶은 길이다

이 세상에서
내가 만남의 가장 행복한 길
가고 있는 이 길은
너를 따라가는 길이다

새벽길에 초연을 보내며

천장에 전등은
은빛을 토해내고
찻잔은 이마를 마주하고
그대로인데

떠난 자리 마루에선
우정이 서린다
석별의 사무침은
산천을 휘감아 잠겨 있고

밝은 달은 옅은 구름이 가리네
은색 차는 새벽길에
안개 속으로 사라지고

아쉬움을 두고 이제 가면
센머리는 늘어 가는데
이런 만남 기다림이 일 없을까

색심色心은 떨어지지 않았는데

비는 창가에 부딪혀 빗물로 맺어 있고
바람은 문틈으로 새어 들어오네
창 너머에 쓸쓸하게 내리는 비를
바라본 나는 허전하고 외로움 달랠 길 없는가

무모한 청춘도 잠깐이던가
은발銀髮에 노쇠老衰해서 그런가

색심은 떨어지지 않았는데
외로움 달래줄 사람도 친구도 없는가
누구 하나 찾아오는 이가 없어
이것 또한 잠깐인가

내 마음 알아줄 사람 하늘가에
몇 명이나 있겠는가
한가히 내리는 비만 멍하니 바라볼
뿐이네

석초石草

부용꽃처럼 아름다운 석초가
행복해서 기뻐하는 모습을 보고 싶다

친구처럼
연인처럼

세월은 자꾸 흘러가는데
시간이 오래오래 쉬어 가도록
아주 천천히 애절한 사랑을 속삭이며
석초 곁에 있으면 행복하겠다

이 가을이 가기 전에

이 가을이 가기 전에
사랑하는 이를 떠나보내고 싶다
바스락거리는 낙엽을 밟으며
말없이 보내고 싶다

수많은 생각을 하고
한 번 더 두 손을 잡고
걷고 또 걸어보고 깊어가는
가을을 만끽하고
길이 끝나는 곳에서

얼굴을 비벼보고
미소를 보내며
눈부시게 황홀한 빛깔이
앞을 가려도

이 가을이 가기 전에
떠나보내고 싶다

카톡

어린아이 색동옷 같은
단풍이 수묵화처럼 번져
쌓인 낙엽 위로

석양빛이 저물어 올 때
오색 이불이 흘러내려
가슴 위로 덮어 주며
향긋한 입술 냄새에
취해가는 때

카톡 혼을 빼는 소리에
잠을 깨니
허전함이 하늘에 닿네

늦여름 해수욕장

바다 멀리 수평선 넘어서
푸른 바람에 잔물결 밀려와
모래 위에 큰 파도 되어
산산이 부서져 무더위와
함께 멀어져 간다

늦여름 해수욕장은 한산하다
그래도 초연과 나만이 걷는
모래 위 움푹 파인 발자국에
사랑이 가득가득 담긴다

기다림

한적한 시골 스산한
가을바람에 낙엽이 밀리고

찻집 유리창 너머
무수히 달린 붉은 감을
하나 둘 세다 지쳐

미지근한 차 맛이 싱거워
그리움을 넣으니
미움이 모락모락 피어오른다

밧줄 풀린 조각배

깊은 밤 초승달 바라보며
홀로 앉아 있노라니
짧은 입맞춤으로 떠날 때
모습 서글퍼지고
빈방에 밤이 깊어간다

맛만 보이고 뒤돌아서는
그대의 마음은 밧줄 풀린
조각배인가요

그 마음 꽃향기와 다투겠는가

세월이 가도

그의 갸름한 눈매
뾰로통한 입술은
희미해지지만
이름은 또렷하네

눈송이가
가로등 불빛을 타고 떨어지는
그 밤 입맞춤 잊지 못하지

봄꽃이 피고 지고
가을날 맑은 호수 위를
낙엽이 떠밀려 덮고
벤치 위에 눈이 쌓여가도

그의 이름
그리움 향기는
보고픈 가슴속에 남아있네

* 박인환의 '세월이 가면'을 달리 표현해 보았다.

봄잠

청산은 나보고 놀러 오라 하네
설산은 나너러 함께 놀자 하네

내 마음은 이제 봄잠에서
막 깨어났는데

온산에 고운 단풍 들거든
그때 가서 한번 생각해 보겠다고
전하소

장맛비

장맛비가 종일 내려
축축한 하루가 지나가고
또 하루가 흘러갑니다

벽에 걸린 지겨운
7월 달력을 바라보며
왠지 외롭고 쓸쓸해져서
뜯어 버릴까 하다가 그만둡니다

가는 세월
참으로 안타깝고
허전하다는 생각이 듭니다

이런 때는
그대와 빈대떡에
소주 한 잔 주고받으며
희롱하며 놀면
좋으련만

정유년 가뭄

정유년 가뭄에도
보슬비는 내린다

참새가 번거로이
마당 앞 메마른 감나무 가지 위로
늘어진 전홧줄을 오가며
짹짹댄다

목마른 화단의
전정한 나무에
엄배덤배 검은 구름 속에서
소나기나 한줄기 쏟아졌으면

속없는 참새는
나락 패기만 기다린다

메뚜기

어릴 때
나락 모가지 위로
메뚜기 무수히 앉아
서리 맞아 날지 못해 쉽게 잡아서
대병에 구겨 넣어 가져와
가마솥에 소금 뿌려
볶으면 뛰어 나오던 메뚜기

다시 잡아넣어 볶아먹으면 고소한
메뚜기 몇 년을 안 보이더니
친환경 몇 해만에
올해는 띄엄띄엄 뛰는구나

은행잎

시상이 안 떠올라
영랑생가
영랑의 자취 여기저기 둘러봐도
뭔가 부족하고 허전하다

얻은 게 없이
두리번거리다 차로 돌아오니
열린 창문으로
노란 은행잎이 먼저 와 앉아 있다

오는 초가을

찬 이슬 일찍 내려
으스스 찬 기운 몸에 배고

계곡물은 맑고
흐르는 물소리 경쾌하네
나뭇잎 떨어지니
서쪽 창에 햇볕 들고

흐르는 물 연못에 모여들고
가랑잎 쌓이니
고양이 발자국 소리 들리네

공허한 밤하늘
기러기 울음소리와 벗하네

2부

104세 할머니

올여름 유달리 가뭄이 심해 논에 물 대느라고
마음고생이 심했다
세월의 변천에 따라서 농촌 일이 기계화가 많이 되었어도
수확 철에는 힘든 일이 많이 있다
옛 어른들 말씀에 환갑이 넘으면 하루하루가 다르다 했던가
어깨 다리가 쑤시고 아프다
그래서 의원을 찾았다 병원에는 주로 할머니들이 많았다
그 틈새로 의사 진료를 받고 물리치료를 기다리는데
간호사가 104세 할머니가 병원에 오셨다고 보라고 한다
작달막한 키에 비교적 건강한 모습이었다
옆자리에 누워서 물리치료를 받는데
이 나이까지 얼마나 고생하고 사셨을까
지금까지 사셨을 세월 나와 견주어 보며
많은 생각을 했다
남자 물리 치료사가 긴 시간 조심조심 정성껏 주물러 드린다
뜨거운 물리치료가 식어갈 때
내 차례가 돼서 아픈 곳을 주무를 때
젊은 색시가 치료받으러 오니 대충대충 끝낸다
그거 참하고 나온다

아호鵝湖서원을 찾아서

항주에서 고속열차로 2시간 달려 상요에 내려
시골길 구불구불 보슬비 내리고
가는 길 내내 산비탈에 드문드문
하얀 녹차 꽃 눈송이와 분간하기 어렵네

무이산 아래 아호서원에 들어서니
주인은 천 년 전에 떠나가고
옛집 터는 그대로고
성리학을 기반으로 한 자취만 남았네

머나먼 이국 땅
그 옛날 우리 좌척佐尺 마을 서당 개교改敎 서문序文에
염계濂溪 이름 나오든 이
여기가 고향이였네
시골 훈장 어찌 알고 가르쳤을까

* 2017.12.15. 강진독서대학에서 문학기행으로 아호서원을 방문하였다.
* 중국 강서성 상요시 연산현 소재.
* 옴천 좌척사 좌척의 신비 조윤제 저.
  서계서 1920년 개교 김권필 훈장 편

* 염계 주돈이周敦頤: 중국 북송 시대의 유학자로 성리학의 기초를 닦았다. 자字는 무숙茂叔이고 호號는 염계濂溪다. 본래 이름은 돈실敦實이었으나 송나라 영종(英宗, 재위 1063~1067)의 초명인 종실宗實과 같은 글자를 피하기 위해 돈이敦頤가 되었다. (두산백과)

삼청산

금사 케이블카는 눈보라에 흔들리며
삼청산에 오르니 목화송이 같은
첫눈이 우리를 반가이 맞이한다

기암괴석 청송에 살포시 덮은 눈이
안개구름 만들어
1819.9m 최고봉 옥경봉은 가렸지만
아름다운 거망출산
모두를 가리지는 못했네

쌓인 눈 위로 조심스레 계단 따라 오르다
눈과 어우러진 진귀한 풍경 스마트폰에 담고
비옷에 내린 눈 털어 내고 쉬어볼 때
품 안에서 나온 보온병 속 따뜻한 차
따르는 그녀 삼청산에 선녀로세
나 또한 경치에 매료되어 신선이 되었도다

눈 속에 조금 올라
이 풍경만 해도 감탄하여 더는 오르지 못했는데
행여 꽃피는 봄날 또다시 올 기회 있을지라도
나이 들어 올똥말똥 하여 그것이 서럽도다

* 산칭산三清山: 장시성 상라오 시 위산 현과 더싱 시의 경계에 위치하며, 위산 현의 중심으로부터 약 50km, 상라오 시로부터 약 78km 떨어져 있다.

불안한 닭

나는 따뜻한 온기에 껍데기를 깨고
정월 병아리로 밝은 세상을 구경했다
이전 세상은 나는 알지 못한다

뽀송뽀송한 모습이 사라질 때
종이 상자에 담겨 사료 한 포와
대밭 안 보금자리로 이사했다
바닥은 왕겨의 포근함과 나무다리를
오르내리며 친구들과 삐약삐약 살았다

매일같이 모이와 물은 풍족하게 줬으나
그래도 불만이 있어 먹을 것을 다투다가
머리에서 피가 나고 수탉은 암탉을 두고
다투다가 죽어 나가기도했다

그러든 어느 날 모내기가 끝나고
집주인 아저씨 생일이라고 아들딸 손자들이
시끌시끌하더니 빨리 자란 수탉 두 마리가
잡혀 나가더니 돌아오지 않았다

또 얼마 지나지 않아서 처가집 식구들이

여름휴가라고 오니 동료 한 마리가
연계라고 잡혀 나가더니 말이 없다

새벽을 알리려고 합창으로
목청껏 소리 지르더니 시끄러워서
새벽잠 설친다고 또 한 마리가
잡혀 나가더니 소식이 없다

그 뒤로 알을 열심히 낳아주니 잡혀가지 않았다
그래도 집에 낯선 사람이 오거나 밖이 소란하면
이번에는 누가 잡혀 나갈까 걱정이 이만저만 아니다

어두운 밤이 오면 삶이 둘러보고 지나간다

저승길

그 옛날에는 꽃상여 타고
구슬픈 상엿소리 들으며
만장輓章 펄럭이고 백의민족 하얀 상복 입은
자손들의 전송받으며 북망산천 가지만

지금은 불김 쐬고
예쁜 항아리에 담겨
어린 손자 품에 안겨 승용차 타고
국화향기 맡으며
국적 없는 검은 상복 입은 자손과
이별하고 저승 찾아간다

*만장輓章: 죽은 사람을 애도하여 지은 글을 천이나 종이에 적어 깃발처럼 만든 것.

별과 나뿐이로다

여름 밤하늘에
보석처럼 반짝이며
촘촘히 박힌 별과 나뿐이로다

냇가는
물을 졸졸 소리 내며 바다로 인도한다
어둠 속에 풀벌레 떨리는 울음소리

동트는 새벽 희망을 안고
무더운 여름밤 풀잎에 땀방울이 맺힌다

살아가기 위해 가슴에 바람이 일고
한나절이 오고 또 간다

고단한 한여름 밤
새벽녘에는 서늘한 바람이 스치고

푸른 밤하늘에 스치는 별똥별과
외로움 그리고 나뿐이로다

별

밤하늘에 별은
시골 처녀 놀란 눈망울처럼
초롱초롱하다

차가운 별빛은 매화 꽃망울을
간질여 잠을 깨우고

창문 밖 밝혀 주며
나만 혼자 살갑게 오라 한다

나주역

어떤 사람은 KTX로 먼저 간다

누구는 SRT로 나중에 떠난다

나는 역마다 들리는 무궁화로
쉬엄쉬엄 두리번거리고 가도
설핏 해 질 녘에는
모두 다 만날 수 있으리라

기러기

기러기 북쪽에서
날아올 때 끼륵끼륵
울며 오더니

떠나갈 때
호수에 비친 그림자
마음에 두지 않고
떠나가네

금계꽃 속에 핀 개망초꽃

모내기가 끝날
무렵이면 밤 산에
밤꽃 피어나고
삐비꽃 솜털 날리며
산에는 꾀꼬리 자주 운다

길가에 개망초
흰 꽃만 피었을 때는
별로 예쁜지 몰랐으나

누군가가 심어둔
노란 금계꽃 한 무리 속에
듬성듬성 핀 키다리 개망초
우뚝 돋보이네

가뭄 끝에 보슬비

오랜 가뭄 끝에
보슬비가 감질나게 내리니

들고양이 콧수염에 빗물이
또르르 구르고
사립문 밖 능소화 꽃잎을
간질거리고 방울방울 떨어진다

백장미 시들은 꽃잎이 붙잡고
쪽빛 도라지꽃 부드러운
암술이 머금고

빨랫줄 장대 위에 고추잠자리
속 날개에 맺힌다
참새는 빗물로 깃털을 다듬고

나를 찾아오는
초연의 모시 적삼 가슴에도
보슬비는 스며든다

가랑잎 배

유잣빛 가을 달이
살얼음처럼 차갑고

잎새에 붉고 노란빛 토해냄은
마지막 발악인가

소슬바람에
울긋불긋 단풍 날리면

흐르는 호수 위에
가랑잎 배 띄워
어디로 가려하나
아슬하게 잠겨 있는 뜬구름 아래

고향 그리는 나 태우고
고향으로 가려하는가

동구 밖 느티나무
나 없이도 오색 단풍 들어
내 가슴에 흩뿌려 반기려는가

잔인한 경자년
- COVID 19

반가운 사람 오는 것도
반갑지 않고

반갑게 맞아줄 친구도
의심의 눈초리로 바라본다

죄지은 것 없어도
집에 갇혀서 살아왔다

눈치 없는 참새는 닭장 속에
모이를 훔쳐 먹으며
신이 났다

뭉치면 죽고 흩어져야 산다
오고 감은 발이 끊기고
찾아가야 할 곳에
핑계로 전화만 할 뿐이다

참혹한 오늘 스치고
조만간 서로 반길 날 오겠지

창밖의 감나무

봄이면 새싹을 틔워서
제일 먼저 봄을 알리네

여름이면 무성히 자란
감잎 사이 새들이
자명종처럼 새벽을 알리고
자유롭게 쉬어간다

가을이면 단풍 떨구고
반달 같은 빨간 홍시를 내줘
온갖 새들이 쪼아 먹으며
노래로 떠나는 계절을 아쉬워한다

겨울이면 앙상한 가지 위에
눈꽃이 피워 나는 것을 바라보며
창밖에는 철 바뀌어 세월이 흐른다

소나기 삼 남매

소나기 삼 남매가 아파트 숲속을 지나다가
큰누이가 진통이 심하여
옥상에 불시착해서 애를 순산해
홈통 따라서 내려오고

둘째는
아파트 벽을 스키 타듯이 미끄러져
땅에 내려온다

셋째는
어린이 놀이터에 있는 높은 나무 이파리에
떨어져서 가지를 휘어잡고 그네 타듯이 내려와
다시 만나서 사이좋게 함께 도랑 따라 흐른다

백모란白牡丹

영랑생가에
모란꽃이 한창이라기에
찾아가니

활짝 핀
새아씨 보조개 같은
백모란

잽싸게
달려드는 벌들

괜히
질투가 나네

외가에 와서

큰딸 아들 5살 작은딸 딸 4살
외손주 녀석들이 엄마 따라
외가에 왔다

여기저기 돌아다니며
지앙 부리고 놀더니 큰소리로
웃는 소리가 나서 보니
거실 소파가 오래되어
작은 구멍이 났는데
여기에다 손가락을 넣어
외피를 찢으면서 좋아라고 웃는다

이 소파는 IMF 금 모으기 때
아들 돌 반지 결혼선물 금반지가
변신한 건데
그간 잘 사용했다

쇠죽 끓이기

생솔가지를 욱여넣은
아궁이에 피식피식
뭉게구름처럼 연기가
피어오른다

머리를 아궁이에 갔다 대고
연신 불어대도
좀처럼 불길은 살아나지 않고

눈물 콧물 범벅되어
부모님 돌아가셔 못 흘린 눈물
실컷 흘려보네

남미륵사* 꽃 잔치

절집 둘러싼
서부해당화
아침 햇빛 북새처럼
하늘을 가려 피어오르고

짙은 분홍빛 참꽃
병든 내 넋
무리 속 수심 가득
잠 못 드는데

새벽예불 청아한
숫처녀 음성 같은
목탁 소리
철쭉 봄빛 향연 완연하구나

---

* 남미륵사: 강진군 군동면 풍동리에 소재한 사찰이다.

금강 골*

금강 골
출렁다리
구름 위던가

골짜기 층층이 떨어진 물
박자 맞춘 노랫소리에
봄 처녀 발걸음 멈추네

봄 태운 금강 물은
흘러가도 둥글둥글
바위, 돌은 함께 가지 않고

꽃보다 고운 단풍
떠나기 아쉬워
저수지에
머물러 쉬어가네

*금강 골: 해남군 해남읍 해리에 골짜기이다.

참새

짧은 소나기 지나간 뒤에
마당가 감나무에 비 피안 참새 떼
여기저기 살피다가
한 마리 내려와 두리번거리다가 괜찮다는 쩍쩍 말에
두 마리 세 마리 그리고 모두 내려와
모이 찾아 쩍쩍 걷기도 하고
동동동 뛰기도 한다

비둘기 한 쌍 내려와 다가가도 거들떠보지도 않더니
고양이 한 마리 멀리서 살금살금 엿은 걸 보고
후루루 날아올라 감나무에 앉으면 나무가 흔들리고
빨랫줄에 앉으면 줄이 흔들린다
대숲에 날아들어 바람을 일으킨다.

가을이라

산간에 우술우술 찬비 내리니
가을 산이 오색 색동옷으로 갈아입고
오솔길에 들국화 향 가득하네

술 마시려 어디로 가려 하나
내 얼굴에 단청이 스며들어
술 없이도 붉은 빛 감출 수 없네

산기슭 계곡에 고운 단풍
떠 내려와 웅덩이에 맴돌고
이끼 낀 맑은 물길 오색영롱하네

우수수 쓸쓸이 가랑잎 떨어져
이 가을 어정어정 거닐어 가는데

지금껏
몇 가을이나 지났는가 되돌아보누나
짧은 가을 잠시나마 맘껏 누릴 것이지
내일이야 생각할 바 아니라네

올가을이 가기 전에 돌아오고 싶다

내가 태어난 5월에 멀리 떠나온 나는
방황을 멈추고 돌아가야지

두 줄로 늘어선 붉은 너울의 단풍도
나를 반길 거고
탐진호 호수에 물굽이도
오라는 손짓으로 까불고 있을 때
그대가 손에 잡힐 듯 보일 듯
나는 돌아오고 싶다

내가 항상 덮고 잔 포근한 이불 속에
간밤에 소나기가 내렸나 봅니다
온몸이 흠뻑 젖어 있는 걸 보면
돌아오고픈 몸부림이 사무침이었나 봐
지금껏 무얼 찾고 살았는가
생각 속에 세월은 가고 있나 보오

탐진호 물길 따라 연천은 무어라
밤새 옹알이고 떠나가도
나는 돌아오고 싶다
탐진교 다리 아래 추억이 담겨 있는

내 자리로 돌아오고 싶다
그리움으로만 보고 있을 뿐이어서
얼마나 안타까운가

나를 찾는 그리운 첫사랑도 돌아오고
보고픈 어머니 둥지의 품 안으로
언덕배기 은빛 억새가 손 흔들어 반기는 곳

찾는 것을 찾지는 못했어도 좋다
이 가을이 떠나기 전에 돌아오고 싶다
다 버리고 동심을 찾아 본향으로……

가을 소리

칠팔월 찜통 같은
무더위 속에서도
선들 구월을 기다리며 참고 살았다

귀뚤귀뚤 귀뚜라미
가을을 부르는 소리
요란해도 좋다

모기장 사이로 스며드는
설렁설렁 부는 바람이
땀방울로 지친 몸과 마음 위로하네

그 또한 지나는구나
여기서 쉬어 가리라

그대가 늙어 가거든

그대가 늙어 가며
머리카락이 희끗희끗해질 때
따뜻한 난로 옆에 앉자 졸리거든

내가 써준 모란이 지고 나면 시집을 보라
그 시집 안에 내가
그대를 얼마나 사랑했나
짐작케 할 거요.

그대가 지녔던 살가운 눈매와
부드러운 살결의 꿈을 꾸다
그대의 우수에 찬 모습을
나는 보지 않으려 한다

얼마나 사랑했으면
방황하는 내 모습이 한심스러웠을까
아직도 남은 저녁볕이
서쪽 창을 비추는구나

3부

오랜만에 본 친구

냇물은 흘러가도
바다에 그대로 있는데

동구 밖에 마중한
옛 친구 분명한데

고향 떠날 때
그 모습은 어디 가고 없는가

봄이면
양지쪽에 소꿉놀이

무궁화 꽃이 피었습니다,
숨바꼭질

딱지치기 자치기 구슬치기 하던
그 모습 그 친구는 만날 수 없어라

임진壬辰생 회갑

단풍이 곱게 물든 월출산 아래
펜션에서 36회 옴전조능 친구들과
정답게 마주앉아 술잔을 드니
보름달이 떠올라 무심히 술잔에 잠기네

회갑이라니 지난 세월
너무 빨라 허무하다고
흔들리며 권하는 술잔을 받아
나의 치열했던 삶에 회상 주를 마신다

나와 함께 살아온
옛 추억이 담긴 초등 친구들이 좋아
알 듯 말 듯 아련해
또 권하는 술잔을 받아 추억을 마신다

나는 그대들을 보며 살아왔다고
영자 정희 정애 경애를 사랑하고
인곤 정환 철수 용호를 좋아했고
이제 자주 보며 담백하게 살고 싶다고
정희가 따라준 술잔을 들어올리니
지난날에 외로움이 봄눈 녹듯이 사라진다

남은 날 바다같이 넓게 살자고
산같이 높고 든든하게 살자고

아침이슬 새벽안개 해 뜨면 사라지듯
우리의 삶도 이와 같은 것
아득한 서산에 붉은 해가 걸려
노을 물들이듯 곱게 늙어 가자 하네

뜰에 떨어진 낙엽을 보며
내 청춘의 푸른 열정을 가득 담아
나의 사랑 석란이 따라준 술잔을 든다

산정에 외로운 하현달 같은
우리들의 아름다운 여생을 이야기하며
36 친구들의 건강한 삶을 위하여
또다시 건배한다

* 2012년 11월 영암 기찬랜드 펜션에서

어머니 산소

오랜만에 찾아간
어머니 산소
올 것을 미리 아시고
구절초 꽃 내보내
나를 반겨주시네

모진 비바람 다 견디고
청순하게
피어난 구절초 꽃
그리운 어머니 딱 닮았네

그래도
   - 노老스승님을 만나서

스승님,
참으로 오랜 세월 사셨네요
그간 무얼 하고 사셨습니까

- 연애만 하고 살았지

남은 생 무엇이 제일 하고
싶으신가요

- 연애를 더 했으면 해

젊어서부터 지금까지 연애만
하고 사셨다면서요

- 그래도 길 가다가 뒷모습을 보고는
앞모습을 꼭 보고 싶거든……

그대 머무는 곳

인간은 백 년을 다 못 채워도
천년을 설계한다고 한다,
그러나 숨소리 그치면 없는 것을

생김새나 생각하는 것이
다르기 때문에 뉘나지 않고
함께 살아가는 것이지 않겠는가

사람은 생김새나 생각은
다를지라도 보는 눈은 같을 것이다
좋음과 나쁨을 보고
구분하는 눈이 그러지 않겠는가

머문 자리가 아름답기보다는
행동하는 모습이 아름다워야 할 것이다
용변을 보기 전 마음과
보고 난 마음이 다르기 때문이 아니겠는가

함부로 버리는 자와 범죄자를
두둔한 것이 아니지만 그로 인해서
먹고사는 사람도 있을 테니까
인간사는 이렇게 쉼 없이 흐른다

고희古稀가 지나가며

눈이 마주치면
미루지 말고 말해야 한다
눈치와 기회를 볼 겨를이 없다

한번 지나가면 돌이킬 수 없다
주고받을 것이 있으면
과감히 제일 소중한 것부터
내주어야 한다

그리고
예쁘면 예쁘다 해야 한다
망설이면 늦다

혼자보다는

혼자서 피는 꽃보다
무리 속에 피어난 것이
좋을 것 같다

혼자서 외로워
하는 것보다는

그 무리에서 짝꿍을 만나
의초로이
여물어 갈 수 있을 테니까

세월은 무수히 가니

휘청한 다리
수염에는 서리 내렸네

마음은 이미 곰삭은
술지게미 되었다네

동구 밖 아름드리 느티나무
내가 심었는데

그대에게 묻노니
요양원 가는 사람 중에
몇이나 살아 돌아왔소

세상일

몸은 이미 저녁노을이나
마음은 마치 두둥실 떠가는
조각배 같네

이토록 무얼 하고 살았냐고
묻는다면
내 나이 팔순이
가까워져 오니 세상 인연
다해가지 않는가

지금껏 천당 지옥
모두 경험하였다네

남은 날 멋대로 살아도
걸림이 없겠지

고희古稀연

세월은
순풍에 돛 단 듯이 미끄러져 흘러서
나는 먼 이야기인 줄 알았는데
칠순을 맞이했다

딸 둘과 사위 아들 며느리
토끼 같이 귀여운 손주들이
빙 둘러앉아서

칠순 생일 떡에 일곱 개의 굵은 촛불을
밝히니 초 눈물이 수많은 곡절을
이겨 낸 나의 설음 눈물처럼 흐를 때

세 살 난 손주 녀석이
나와 함께 촛불을 불어줘
초 눈물이 그치면서 칠십 년 소회所懷의
눈물이 환희歡喜로 멎는다

* 음력 2021년 5월 1일 고희를 맞이하다.

할머니 눈 목目

안과병원은 붐빈다
할머니 할아버지들이 많다
유독 할머니 한 분이 허름한 옷차림에
허리가 굽고 80세가 넘게 보였다
진료를 마치고 안대를 했는데
집에 가지 않고 문을 주시하고
귀를 기울이며 누군가를 기다리는 듯했다
그러기를 두어 시간여 초조한 모습이 역력했다
할머니 밭고랑 같은 주름살
꺼멓게 그을린 얼굴 어두워진 눈을 볼 때
아들딸 위해서 지독하게 살았을 세월이
너무도 짠한 마음 가득하여 내심 걱정이 된다
병원에는 손님은 거의 다 가고
병원은 끝나는 시간은 다 돼 가는데
나는 자리를 뜰 수가 없었다
그러자 문이 열리면서 딸인지 며느리인지
반바지에 슬리퍼를 끌고
금방 자고 일어난 듯했다
퉁명스럽게 엄니 하고 끌려가듯이 따라나선다
다행이다 그때야 마음이 놓인다.

어머니의 생일 떡

어머니께서는 긴긴
여름날 종일 논바닥에서
품앗이 모내기하시고

저물녘에 집에 돌아오셔
돌 절구통에 쌀을 빻아서
체로 쳐서 가루는 빠지고
또 빻고 해서
밤늦게 떡을 쪄두었다가

아침에 일찍 일어나시어 미역국과
맛있는 반찬을 장만하여 생일상을
차려주셨다

그래도
어린 속아지에 뭐가 부족했는지
투정을 부렸다

* 1960년대는 논에 나가 여러 사람이 허리를 구부리고 손으로 직접 모내기를 했다.

사립문 옆 감나무

중학교 2학년 때인 것 같다
이른 봄에 학교 갔다가 놀아오니
할머니께서 어린 땡감 나무를
사립문 가에 심으시면서
나는 이 감을 못 따먹을지라도
너는 감을 따먹게 될 것이다
하시며 함박꽃처럼 웃으셨다

몇 해가 지나서 뒷집 할아버지가
솔찬히 큰 감나무를 톱으로 잘라내고
꾸리감(대봉)을 접목해 주시면서
감나무는 아무리 좋은 씨를 심어도
좋은 감이 안 열리니 반드시 접목을
해줘야 꿀맛 같은 감이 열린다 하셨다

밖에 갔다 돌아오면 제일 먼저
강아지처럼 반기는 감나무다
할머니 돌아가신 지 30년이 지났어도
할머니 품에서 내주듯
가을이면 달콤한 홍시를 내준다

올봄에 감꽃이 무던히도 많이 피더니
긴 장마가 계속돼서
그런지 풋감이 많이도 빠진다
나와 마누라 먹을 감은 남을는지……

국화 향

기찬들 국화꽃이
불러서 갈 때는
나 홀로 쓸쓸히 갔는데

천 가지 꽃 둘러보고
가져가서 볼 수는 없을까
생각했는데

열린 차창으로
맑은 가을 햇살과
국화향기 가득 들어와
함께 돌아오네

* 2019년 가을 영암읍 기찬들 국화 축제.

단비

봄비가
목마를 때 부슬부슬 내리니
초목은 소리 없이
스며듦을 반기네

강기슭 안개와 함께 저물고
고기잡이배 고기는 못 잡고
둥근달만 싣고 오네

날 밝으면 활기찬
봄 동산을 보게 되리
탐진에도 활짝 핀 꽃이
함초롬히 있으리라

어머니

산새는 숲속에서 깃들어 살지요
해 질 녘에는 어미 새는
어김없이 둥지로 찾아오지요

어째서 어떻게 찾아온 답니까
높은 하늘 흰 구름도
두리번거리고 살피는데

어머니,
어머니 기다림을 잊고
동구 밖에서 땅거미 질 때까지 놀 때
정재문 앞에서 부지깽이 짚고
나를 기다리셨지요

밭에서 손자와 일하다가
해가 설핏 기울 때
어머니의 기다림을 짐작하고
나의 보금자리를 찾아올 때도
그때처럼 나를 기다려 줄래요

어정칠월

어정칠월
동동팔월, 건들팔월
때 놓인 순진한 우리 할머니
팔월 창 안 바른다고
구월 되기 기다리네

※ 예전에 초가집 죽창竹窓을 여름이면 더워서 뜯어내고 모기장을 발라두었다가 찬바람이 불기시작하면 음력 칠월에 모기장을 걷어내고 다시 죽창에다가 창호지를 발라야하는데 때를 놓치지 말라는 것인 것 같다.

장맛비

늘어진 아가씨 머리카락 같은
장맛비가 병풍처럼
산기슭을 타고 돈다
가끔은 장대 같은 비가 쏟아져
순식간에 냇가가 넘쳐나고

쉬어볼 때는
안개구름 피어오르며
백로 떼가 한가로이 넓은 들을
거슬러 날고

또다시 변덕스러운 장맛비에
나뭇잎은 빗물을 자꾸자꾸 털어낸다

송아지

푸른 초원의 얼룩소
영롱한 아침이슬 맺힌
풀 뜯을 때

감사함에 머리 숙여 조심스럽게
뜯어먹지만

철없는 송아지
어미소 젖꼭지 쥐어박으며
젖을 빨아댄다

푸른 풀이
우유로

사의재

초가지붕 여러 겹 매 놓은
새끼줄 늘어져 있고
잡초가 자리를 잡았네
노란 낙엽은 지붕을 덮어오고

돌 박힌 흙담에 말아 매달린
멍석은 내려오지 못하고 세월만 보내고
빈 툇마루가 주인을 기다리네

쌍바라지 죽창문 옆
봉창문 가운데 유리창은
누가 밖을 내다본 듯하고

가을비가 지스락에
방울방울 은구슬같이 맺어 기다리다
평상 위에 내려앉고

정겨운 무쇠솥 한 쌍
굴뚝만 보일 뿐
아궁이는 보이지 않네

강천산 폭포 가는 길

강천산 주차장은 부산하고
초가을 햇볕은 따갑다

철이 빨라 단풍은 볼 수 없어도
청춘남녀들의 울긋불긋 등산복이
아름답다

계곡 따라 나 있는 길에 굵은 모래가 깔리고
곁으로 상사화 만개했다

숲길을 걷다 구름다리 지나서
첫 번째 폭포수는 산 등 따라 구르며 떨어지고
두 번째 여인네 젖가슴 같은 사이를 뛰어내려
웅덩이에 멈춰 소리 내며 굽이치고 흐른다

세 번째 절벽에 물방울 소나기 몰려가듯 흩날리는
구 장군 3개 폭포 웅장함에 넋을 잃는다

조각 공원을 무심히 지나가다가
남근 여근 조각 앞을 지날 때는 무언가
한마디씩 중얼거리고 간다

산사山寺 찾아가

돌자갈 오솔길로
해 질 녘에 다다라서

스님께 합장하고
섬돌 가에 앉아보니
소나기 흡족히 내려 치자꽃 활짝 폈다

법당에 들어서서
촛대에 불 밝히고

세존께 참배하고
요사채로 돌아앉아
상 펴고 햇차 내오니 정겨움이 향기롭다

밤 깊어 고요하니
풍경 소리 정적 깨고

밝은 달 창문 밖에
기웃대다 떠나가네

새벽녘 일찍 잠 깨 염불하는

온갖 새들

설은 밥 아침 공양
배고픔은 넉넉하고

산길 따라 오는 길에
새벽바람 상쾌하고
콸콸콸 계곡물 소리 바람결에 흐른다

영랑호

나는 청둥오리가 되어 가을이면
먼 하늘을 날아와
범 바위를 한 바퀴 돌아
그대 품에 안기리라

황갈색 부드러운 가랑잎 날리는
영랑호 가을빛에 매료되어
쉬엄쉬엄 돌아보며
둘레 길을 걷고 걸어서

본자리로 돌아와
옷섶을 열어 속마음을 비춰 보면
그때 빙긋해 주오시라

* 영랑호: 강원도 속초에 있는 호수이다.

4부

완도 가는 길

완도 가는
산모퉁이 돌아가는 길에
뭉개 눈이 높은 산을
휘감고 돌아

가창오리 떼처럼
밀려와 길 위에
물결처럼 일렁이며
바람 따라 흩어진다

바닷가 파도를 타고
밀려온 찬바람이
노점상 할머니를
꽁꽁 싸매 눈만 빠끔히
보이게 하네

광주리에 마른 생선
몇 마리 흥정해 샀는데
마누라는
비싸게 샀다고 투덜대네

다시 찾은 빈집

지스락 밑에 말아 매 놓은
죽석竹席 위에 비둘기 한 쌍 졸고 있고
군새 지른 초가삼간 지붕에는 곯은 늦쪽박

더금에 올려진 먹다리 덕석은
어둠으로 좀먹었다
묵은 도구통이 밑에다 두꺼비를 품고 있고
말래 밑에 강아지가 누고 간 것에
푸른곰팡이 춤추고

우마구간 구시 안에 먹다 남은 여물 위에
쥐오줌 냄새 풀풀

늙은 빨랫줄엔 빛바랜 행깃보 한 장
이 빠진 집게가 놓지 못하고
녹슨 무쇠솥 들어낸 부삭 위 부승에는
노오란 민들레꽃 똬리 틀어 자리 잡았네

정재에서 안방 들어간 방문 돌쩌귀에 걸린
한쪽 다리 잃은 개다리소반 기울어져
할아버지 진지 향 배나고

정재 슬겅 아래 냉갈 끄시럼에 늘어진
거무줄에 매달린 배고픈 그리움
엄마 손 물 묻은 살강에 택 끼래진
사그달 그릇이 빈집을 지키네

연천燕川의 추억

어릴 적 그물로 고기
몰아 잡고 징거미 가재 잡던 곳

한여름에는 한길 건너
산 아래 바위에 올라서
물로 뛰어내리며

친구들과 키 넘은 깊은 물
낮은 곳에서 더위가 다 가도록
멱을 감고 놀던 친구들
다 어디 가고 없는가 보고 싶어라,
보고 싶어

지금 연천은 경지정리로
옛 모습 잃었지만 추억이 서려 있는 곳

올여름 태풍이 휘몰아치고 지나간
연천에 아름드리 미루나무
허리가 부러지고
뿌리째 뽑혀 넘어져 있고

억새꽃 미풍에 흔들리며
산감나무 붉은 단풍 예덕나무 노란 잎
들국화 쑥부쟁이꽃이
옛 친구들을 아는가 모르는가

낙차에 물 떨어지는 소리에
가을은 깊어간다

*연천:옴천 동쪽으로 흐르는 제비내이다.

왕인의 국화

국화야,
산야에서
찬바람 서리 속에
고난스레 피워 내야
그윽한 짙은 향기 풍기련만

가두고 묶어서 온실에서
피워낸 국화를
별의 별 이름 다 지워주었네

그래도 벌 나비는
자유스럽게 찾아와
쉬어가는 네가 부럽다

* 왕인: 영암 왕인 박사 축제에서 화분에 담긴 수많은 국화를 보고 쓴 시이다.

가우도 짚 트랙

가지 못했다
주령* 하나 걸치면 될 것을
건넛마을 바라만 보고

쌀가루 같은 해무가 걷힌 날에는
가우도로 밀리는 파도
흰 모란꽃 되어 꽃길로 가는데
철석 찰랑거리고 부서지는
파돗소리 노래로 숨 쉬고

남풍은 비를 몰아오고
건너지 못했던 청잣빛 강진만
쇠줄 한 가닥으로 나를 몰아치네

*주령: 지팡이

기알재 1

기알재 너머 길 따라 가지마다
강냉이 튀밥 같은 벚꽃이
수북이 피었다

심심했던지 저 혼자 피었다가
새들이 앉았다 나는 바람에
꽃잎도 따라 난다

그 꽃은 우리를 기다려주지 않으나
스미는 햇빛은 봄을 비추고
복사꽃을 부르네

기알재 2

고사리 같은 어린 손으로
추운 겨울 맨손으로
책가방 들고 넘던 기알재

그 길가에
지금쯤 쑥부쟁이 피었으리
울 아버지 송아지 떼려고 가던 길

재 넘어서면 옹달샘에
맹꽁이 울음소리

아낙네 함지박에 달걀 팔아
갈치 몇 마리이고 넘었던 재

낙엽 지는 가을

풍성한 가을이 찾아와
푸른 하늘 높은 구름
유유히 흐르고

코스모스 고개를 갸우뚱
함박웃음 시들 적에

나락 멍석에 널어
볕에 말리는데
단감 노랗게 빨갛게
익어 가는 사이

감잎 단풍 들어 나락 위로
원을 그리며 떨어진다

눈雪

잘남과 못남을 지우랴
눈이 뿌린다

구분 없이
눈이 뿌린다

푸른 청춘과 흥분이 섞인
가슴 위에
눈이 뿌린다

고요한 벌판 위에 한 송이 한 송이
설컹설컹 빈틈없이
눈이 뿌린다

강산 나뭇가지 위에 차별은 없다
가난한 슬픔 위에 눈이 쌓인다.

석양의 쌍무지개

입추 말복이 지났어도
마지막 더위가 극성을 부려
땀을 주체하기 힘든 오후

한줄기 소나기가 지나가니
시원해지면서
동쪽 하늘에 쌍무지개 뜨고
더위도 주춤해진다

시들시들하던 초목도
생기를 되찾고

지는 해는 소나기 지나간
사이로 밝게 비추며
서산으로 넘어가고 또 지루한
무더위에 지친 하루가 간다

물고기

뽀끔뽀끔 물 위로
얼굴을 내밀어
세상 구경하고
뛰어 논다고 말하네

낚시꾼 떠나니
왜가리가
나를 노려보네

뱁새재* 황토고개

황토 고개
오동나무 넓은 잎 사이로 비추는
높고 푸른 하늘의 뜬구름

세속에 미련 없이
저무는 황토 고개

이 고개 넘어 우리 할아버지 장가 들던 고개
이 고개 넘어 우리 할머니 시집 오시던 고개

넓은 세상 보러 가는 길
기대에 흥분되던 길

고개 넘어 진달래꽃 무리 지어 피였으리
그날의 꽃봉오리 나를 기다리겠지

금의환향 넘는 산길
울 엄마 날 반기려 정재문 여는 삐걱 소리
발걸음이 빨라지는 뱁새재 황토고개

*뱁새재: 옴천에서 작천으로 넘어가는 재이다. 이 시는 박용래 시의

영향을 받았다.

애틋함

마주치든 눈빛을
두고 온 지난 날

무심히 스쳐 가는
순정純情의 꿈이었을까

그 시절 말하지 못한 게
너무도 쓰리네

할머니 기침

깊어가는 겨울밤 할머니
해수 기침소리 짙어지면
가물가물 호롱불 들고
솜털 같은 눈 헤치고
논시밭 무 구덩이 찾아가
유지게* 들추고 왕겨 속
더듬어서 노란 이파리 삐죽삐죽한
무를 꺼내 와 화롯가에 앉아서
초승달 같이 닳은 놋쇠 숟가락으로
둥근 무를 긁어내 드시면
기차 굴처럼 껍데기만 남기신다
한 숟갈 주시면 시원한 그 맛
할머니가 그리워지는 겨울밤이다

* 유지게: 볏짚 한 단을 윗부분을 묶은 덮게이다.

짧은 글짓기

초등학교 국어 시간 짧은 글짓기 시간에
선생님께서 '한철'에 대하여 글짓기 해보라 하셨다

그래서 생각 끝에 옆자리에 앉은
친구 아버지 이름이 ○한철 씨라는 것을 알고
장난삼아서 '○○아버지는 한철이다'라고 지었다

선생님이 보시고는 손바닥 내밀어 하시더니
잣대로 정신이 바짝나게 때렸다
그래서 '메뚜기도 한철이다' 라고 바꿔 지었다

왜 일찍 포기하지 못했을까

귀대하는 길에
보성 기차역에서
포장마차 아주머니에게
기차 떠날 시간이 10분 남았는데
라면 끓여 줄 수 있냐 했더니
충분하다고 물을 연탄 위에 올린다

시간이 늦을까 봐 미리 돈도 줬다
그때 술손님이 낙지 한 마리 주라고 하니
끓는 물에 삶아주고

그 물에 라면을 끓여 줘서
"이걸 어떻게 먹어요"
"그런 소리 마라 낙지 삶은 물이
얼마나 좋은데" 한다

라면을 한 젓가락
먹다 입만 데고 달려갔으나
기차는 떠났다

* 1972년 가을 해군 현역 시절 진해 가는 길에 기차를 놓쳐 다음 기차를 탔다. 과거의 현재의 일로 옮겨 보았다.

오리발

군사정권 시대였다
대령에서 준장으로 진급하여
차에다 별판을 달고 시내를 나가니
교통경찰들이 지나갈 때마다
거수경례를 해서
재미를 붙여 종일 시내를
돌아다녔다는 장군將軍이 있었다

장군 관사에 오리를 키웠는데
여기저기 돌아다니면서 똥 싸고
지저분해서 부관을 불러서
오리 교육을 하라고 하니

고민 끝에 오리가 감나무 밑
저쪽에서 놀 때 이쪽에서
종을 치면서 모이를 주고 몇 번을 그렇게
하다가 모이를 안 주고 종을 쳐도
오는 것을 보고 교육이 끝났다고 생각하고

장군님 오리 교육 끝났습니다
저쪽에서 놀고 있는 오리를 보고

종을 흔드니 오리가 꽥꽥대고
오는 것을 보고 있던
장군님이 부관을 불러서
오리가 발이 안 맞지 않아 하드라고

먹먹

살아갈 날보다
살아온 날이 훨씬 많은 시간
비우기보다 집착하고
나누어 주기보다
차지한 시간이 많은 날
무형의 삶보다 유형으로 지난 시간
보이지 않는 것보다
보이는 것만 보고 온 시간
끝까지 가려운 곳
긁어주기를 바랐던 날
이제는 다 떠나가고
혼자여도 나눌 수 없는 시간
먹먹……

돌아오라 서귀포로

성스러운 한라 아래
쪽빛처럼 푸른 앞바다를 보라
고운 햇빛 받아 반짝이며
찰랑찰랑 물결은 너를 그리는
사랑의 정을 안고 있구나

노란 유채꽃 피는 소리를 보게 하고
주황빛 귤 향기가 추억을 담고
심오하게 내 마음속에 스며드는데
노래는 끊기고 사랑은 보이지 않는구나

다정했던 그 옛날로 돌아가자
따사로운 남풍에 소나기처럼 날리며
옥구슬 소리를 내고 떨어지는
폭포 소리가 우리를 찾는구나

더불어

솜털같이 따스한 햇볕이
두 볼을 간질인다

청량한 잔설 물 굴리는 소리
두 귀로 함께 보내고

봄볕 비단에 홍매, 백매
함께 내비치네

동백꽃 붉은 입술에
머리 조아리는 모두에 꿀 내준다

마트에 들러서

바구니 들고
오른쪽으로 돌아서며
아내가 좋아한
천도복숭아 봉지에 담아
저울에 달고
마른 오징어 만지며 이빨을 생각한다

고등어 갈치 참치 병어
둘러보기만 하고

만두 맛보라고
입에 너 줘서 입맛 다시고
삼겹살 한 근

포도주 막걸리 망설이다
큰맘 먹고 포도주 선택하고

돌아서는데
외손주 생각나 과자 한 봉지
아이스크림

나이 들어

옛 추억은 저녁
노을처럼 퍼져 가도

고독함이
소슬한 가을바람에
늦은 밤 재 넘어가는
초승달처럼 쓸쓸하다

가을날 눈 시리게 맑고
푸른 하늘 바라보는
외로움에도 임 그리는
마음만은 새뜻하다

겨울도 역시 가고

동지섣달 긴긴밤
찬 서리 기운에 시달리다
강 개울 언덕 모진 바람에
다 털리고 뼈대만 남았는데
먼 발취 봄바람을 맞아
풀잎 마디마다 봄소식이 온가 보다
바람 한 점 없는 날
흰 민들레 씨 같은 눈송이가 너울너울
앞마당에 춤을 추며
가는 겨울 아쉬워하네

섣달 그믐달 바라보며

섣달 서산에 넘어가는
그믐달 바라보니
언제 보았는지 모르는
사랑했던 내 임의 눈썹 같아라

보고 싶은 마음 간절하여
창자가 끊어질 것 같은데

당신을 만날 날 생각하니
설레이는 마음 봄바람 같구나

새해에 만나는 날 잔주름 흰머리
더 늘었을 것을 긴 한숨에
잠 못 이르누나

사의재 서정시선 11

없는 듯이 어느 틈새에

1판 1쇄 인쇄일 | 2021년 7월 15일
1판 1쇄 발행일 | 2021년 7월 20일

지은이　　조윤제
펴낸이　　신정희
펴낸곳　　사의재
출판등록　2015년 11월 9일　제2015-000011호
주소　　　전라남도 목포시 용당로 331번길 88, 202동 202호
전화　　　010-2108-6562
이메일　　dambak7@hanmail.net
ⓒ 조윤제, 2021

ISBN 979-11-6716-021-8 03810

지은이와 출판사의 동의 없이 이 책의 내용 중 전체 또는 일부를 인용하거나 발췌하는 것을 금합니다.

값 10,000원